BEI GRIN MACHT SICH IHR WISSEN BEZAHLT

AF131188

- Wir veröffentlichen Ihre Hausarbeit, Bachelor- und Masterarbeit

- Ihr eigenes eBook und Buch - weltweit in allen wichtigen Shops

- Verdienen Sie an jedem Verkauf

Jetzt bei www.GRIN.com hochladen und kostenlos publizieren

GRIN

Bibliografische Information der Deutschen Nationalbibliothek:

Die Deutsche Bibliothek verzeichnet diese Publikation in der Deutschen National-bibliografie; detaillierte bibliografische Daten sind im Internet über http://dnb.d-nb.de/ abrufbar.

Impressum:

Copyright © 2010 GRIN Verlag, Open Publishing GmbH
Druck und Bindung: Books on Demand GmbH, Norderstedt Germany
ISBN: 978-3-668-19991-0

Dieses Buch bei GRIN:

http://www.grin.com/de/e-book/318388/autismus-diagnose-therapie-und-step-programm

Mareike Korp

Autismus. Diagnose, Therapie und STEP-Programm

GRIN Verlag

GRIN - Your knowledge has value

Der GRIN Verlag publiziert seit 1998 wissenschaftliche Arbeiten von Studenten, Hochschullehrern und anderen Akademikern als eBook und gedrucktes Buch. Die Verlagswebsite www.grin.com ist die ideale Plattform zur Veröffentlichung von Hausarbeiten, Abschlussarbeiten, wissenschaftlichen Aufsätzen, Dissertationen und Fachbüchern.

Besuchen Sie uns im Internet:

http://www.grin.com/

http://www.facebook.com/grincom

http://www.twitter.com/grin_com

Inhalt

Beiträge von Kanner, Asperger, Heller, Rett

Kanner (1896-1981) (Kinderarzt aus Österreich)

Beschreibungen von (Vorschul-)kindern mit Autismus:
- Bedürfnis nach sozialen Beziehungen fehlt. Keine Reaktion auf Menschen
- Auffälligkeiten der Sprache wie Echolalie, Umkehr von Personalpronomina
- Schwäche, Symbole/ abstraktes Material zu verstehen
- starke Reaktionen auf Geräusche
- spielen nicht mit kindgerechten Gegenständen
- empfindsam gegenüber Veränderungen des Tagesablaufs/ der Umgebung
- Insel-Begabungen, z.B. besondere Gedächtnisleistungen, großes Vokabular der Sprechenden
- Kanner: „Kühlschrankeltern" [Es gab eine Phase, da wurde das elterliche Verhalten als Ursache des Autismus angesehen]

Den Begriff „Autismus" hat Kanner von Bleuer übernommen. Bei ihm als Konzept zur Beschreibung eines Symptoms im Rahmen schizophrener Erkrankung: egozentrischer Rückzug in sich selbst bei gleichzeitigem Abschied von der Außenwelt

Asperger (1906-1980) (Wiener Arzt)
- wegen Wirren des 2ten W.krieges wussten Kanner und Asperger nichts voneinander
- wie Kanner: Autismus als angeborene Problematik, aber auch extreme Variation eines Persönlichkeitszuges
- Symptom lässt sich nicht vor dem dritten Lebensjahr erkennen

Autistische Psychopathie:
- Verarmung der Mimik/ Gestik
- Merkwürdiger Blickkontakt
- Monotone Sprechweise. Verwendung von Neologismen
- Affekte schwach empathisch und allgemein intellektualisierend
- Motorik auffällig, z.B. bizarre schwerfällige Gangart, Probleme bei der Koordination

Heller (1869-1938) (Pädagoge in Wien)
- „dementia infantilis" oder „Heller`sche Demenz"
- seinen Publikationen wurde weniger Aufmerksamkeit geschenkt

Rett (1924-1997) (Wiener Sozialmediziner und Heilpädagoge)
„eigenartiges, hirnatrophisches Syndrom bei Hyperammonämie":
- Verlust der Sprache, autistische Verhaltensweisen, Epilepsie, Bewegungsstereotypen, Gangstörungen durch Dysfunktion des Gleichgewichtssinns

Symptomatik und Klassifikation
ICD-10, Innerhalb des Komplexes „tiefgreifende Entwicklungsstörungen" (TE)
Synonym: autistisches Spektrum
Klassifikation autistischer Störungen stimmen im DSM-IV und IDC-10 weitgehend überein:
- Begriff ASS verdeutlicht, dass ein Kontinuum von Symptomen zu diesem Krankheitsbild gehört

3

- deutschsprachiger Raum= TE
- anglo-amerikanischer Raum= ASS (typische Variante: Kanner)

F84.0 Frühkindlicher Autismus
- Qualitative Auffälligkeiten der sozialen Interaktion, der Kommunikation/ Sprache. Deviante Sprache: Echolalie, verarmte Mimik/ Gestik etc.
- begrenzte, rezeptive und stereotype Verhaltensmuster/ Aktivitäten/ Interessen
- klinische Bild kann nicht einer anderen TE zugeordnet werden

- klinisches Vollbild entwickelt sich spätestens zwischen 4. und 5. Lebensjahr. Symptome in dieser Phase den größten Schweregrad
- Defizit in sozialer Reziprozität und Spielverhalten. Mangel an Verständnis und Gefühlsäußerung, Ansprechbarkeit, Nähe. Gleichförmigkeit des Alltags. Interessen eingeschränkt

- Synonyme:
DSM-IV: autistische Störung. Infantiler Autismus, d.h. Beginn in früher Kindheit
Klassischer Autismus, Kanner-Syndrom. Früher: kindliche Schizophrenie

F84.5 Asperger-Syndrom
- keine abnorme Sprach- oder kognitive Entwicklung
- Verhalten (bis auf das motorische)- ist in den ersten 3 Lebensjahren unauffällig
- Ansonsten ähnlich Symptome wie der frühkindliche Autismus

F84.1 Atypischer Autismus
- atypisches Erkrankungsalter und/oder atypische Symptomatologie

F84.2 Rett-Syndrom
- normale prä- und postnatale Entwicklung. Ab 6. Lebensmonat stagniert die Entwicklung. Kind regrediert: Verlust der Handmotorik, stereotype Handbewegungen. Kommunikative Fertigkeiten sinken. Grobmotorische Stereotypien (Rumpfschaukeln), Zähneknirschen

F84.3 andere desintegrative Störungen des Kindesalters
- Verlust erworbener Fähigkeiten im Bereich Sprache, Spiel, soziale Fähigkeiten, Darm- und Blasenkontrolle, motorische Funktion
- Synonyme: „dementia infantilis und Heller`sche Syndrom"

F84.4 Überaktive Störung mit Intelligenzminderung und Bewegungsstereotypen
- motorische Überaktivität. Aktivitäts- und Aufmerksamkeitsprobleme
- Repetitives und stereotypes Verhalten. Profunde geistige Behinderung

F84.8 sonstige TE und F84.9 nicht näher bezeichnende TE

High- und low-Functioning Autismus (Lorna Wing)
- High-Functioning Autismus: frühkindlicher Autismus ohne geistige Behinderung. Mindestens durchschnittliche Intelligenz IQgr85). Zunächst Kanner- dann Asperger-Syndrom
- Low-Functioning Autismus: schlechte sprachliche Fähigkeit, Intelligenzminderung

Autistisches Kontinuum- kein offizieller Begriff. Menschen im autistischen Spektrum sind hinsichtlich ihrer Symptomatik nicht qualitativ sondern quantitativ (Schweregrad des Syndroms) verschieden

Prävalenz:
Epidemiologie (2001)
TE insgesamt:	62.6/ 10.000
Nicht näher bezeichnete TE:	36.1/ 10.000
Frühkindlicher Autismus:	16.8/ 10.000
Asperger-Syndrom:	8.4/ 10.000
Rett-Syndrom	0.6/ 10.000
Desintegrative Störung	0.6/ 10.000

Differentialdiagnosen
- andere TE
- Intelligenzminderung ohne Autismus
- Expressive, rezeptive Sprachstörung und Landau-Kleffner-Syndrom
- Deprivation
- Schizophrenie
- Mutismus
- Angst- und Zwangserkrankungen
- Hyperaktivitätssyndrom
- etc.

Komorbidität
- Intelligenzminderung: geistige Behinderung bei 75%
- Epilepsie: 20%
- Andere psychische Störungen: Hyperaktivität, Tic-Störungen, affektive Störungen, Autoaggression, Zwangsstörungen
- Organische Syndrome (syndromaler Autismus): tuberöse Hirnsklerose (häufig mit Epilepsie), Fragiles X-Syndrom (häufig Jungen, langes Gesicht, große Ohren, Intelligenzminderung), Smith-Lemli-Opitz-Syndrom (zusammengewachsene Zehen, kleinen Kopf, leicht geistig behindert), Neurofibromatose, Down-Syndrom, Jourbert-Syndrom etc.

Ätiologie
- ideopathischer Autismus= ohne erklärbare Ursache
- Syndromaler Autismus= organische Syndrome
- Rett-Syndrom: Mutation des Gens MECP2

genetische Störung (sagen bereits Kanner und Asperger)
- Geschwister sind generell anfälliger
- hohe Verhaltenskonkordanz bei monozygoten im Vergleich zu dizygoten Zwillingen
- in einer menschlichen Zelle sind 46 Chromosomen. Bei Behinderten fehlen einige/oder einige zuviel. Fehlen nur kleine Bereiche eines Chromosoms bzw. mehrfach vorhanden dann Delektion bzw. Dublikation. ASS wenn derartiges auf Chromosom 2, 7, 15 oder 22 (zytogenetische Befunde)
- monogene Erkrankungen wie Fragiles-X-Syndrom, tuberöse Hirnsklerose, Smith-Lemlis-Opitz-Syndrom

- Molekulargenetik (Chromosomenaberrationen wie Dublikationen, Translokationen oder Delektionen auf dem Genom) mittels Linkage- und Assoziationsstudien
- Neurotransmitter-Auffälligkeiten
- komplexe Störungen: Störungen, bei denen die Ätiologie durch Interaktion genetischer und peristatischer Faktoren (Muskeltätigkeit verschiedener Hohlorgane) bestimmt ist
= Die meisten Untersuchungen bislang ohne schlüssige Ergebnisse

(biologische) Umweltfaktoren:
- alle psychobiosozialen Faktoren, die von außen auf den Organismus einwirken, z.b. angeborene Röteln
- Impfungen können autistische Symptome auslösen (z.b. Rötelnimpfung in Schwangerschaft)
- Maternaler Alkoholismus
- Schilddrüsenunterfunktion
- Autismus als Folge einer Lebensmittelunverträglichkeit. Z.B. Gluten, Antibiotika

Geburtskomplikationen:
- non-Optimalität eher Folge der Veränderung als Ursache des Autismus
- außer bei infantiler Zerebralparese: Autismus als Folge Gehirnblutung, u.a. der Schläfenlappen

Immunologie:
- Beteiligung autoimmunologischer Prozesse, z.b. Reduktion von Killerzellaktivität
- oder Autoimmunkrankheiten wie Rheumatische Arthritis

Neuropsychologie:
drei kognitive Theorien
- schwache soziale Kognition (Bilderordnen, allgemeines Verständnis)
- Theorie der eingeschränkten Mentalisierungsfähigkeit (Theory of Mind= ToM): umfasst alle Kognitionen, die es ermöglichen fremdes/ eigenes Verhalten zu verstehen, vorherzusagen, Empathie etc.= Schwierigkeiten bei False-Belief-Aufgaben
- Theorie der eingeschränkten exekutiven Funktionen (EF): umfassen mentale Prozesse höherer Ordnung zum Ziel der Selbststeuerung/ Handlungsplanung, kognitive Flexibilität,

Zielüberwachung bei der Durchführung von Handlungen. Bei Autisten z.b. werden einmal gefundene Lösungen beibehalten (Perseveration)
-   Theorie der schwachen zentralen Kohärenz (WCC): Wahrnehmung/ Denken werden unter normalen Bedingungen durch zentrale Kohärenz bestimmt, d.h. Reize werden in Bezug zu anderen Informationen gesehen. Bei Autisten keine kontextgebundene Wahrnehmung, Reize werden isoliert verarbeitet. (Erfassung durch MosaikTest, Wechsler-Intelligenz-Skalen)
    - Besonderheiten der Intelligenzstruktur
-   Inselbegabungen (Savant): mathematischer, musischer, visuell-räumlicher und mechanischer Natur (Erfassung durch Mosaiktest, Figurenlegen)
-   Unfähigkeit Anekdoten, Sarkasmus, Redewendungen etc. zu verstehen
-   Fehlen nonverbaler Hinweisreize wie Mimik

Neurobiologie:
-   Verknüpfung von Autismus und Dysfunktionen des zentralen Nervensystems. 90% haben Auffälligkeiten, die auf neurologische Störungen hinweisen
-   Bsp. Epilepsie, vergrößerter Kopfumfang, erhöhte Serotoninkonzentration im Blut
-   Bei der Hälfte: Hör- und Sehstörungen, sensomotorische Abweichungen, vestibuläre Störungen (bei denen die ständig drehen, springen etc.)

Verlauf
Autismus als persistierende (fortbestehende) Symptomatik

0-2 Jahre: Schlafprobleme, Schwierigkeiten bei Nahrungsaufnahme, Mangel an Spiel, Initiative, Imitation, Sozialisation, Epilepsie
2-6 Jahre: autismustypische Symptomatologie wie bei ICD-10, aggressive Durchbrüche, Hyperaktivität, repetitives Spiel, einfache Kommunikation
Adoleszenz/ Erwachsenenalter: Regression im Verhalten, Epilepsie tritt auf falls noch nicht vorhanden, einige suchen nach Sozialkontakten und leiden unter Andersartigkeit/ depressiv

- Entwickeln spezifische Symptomatik spätestens zwischen 30. und 36. Lebensmonat

Therapieverfahren
- Allgemeingültige Ziele: Verbesserung der sozialen Interaktions- und Kommunikationsfähigkeit, Selbstständigkeit.
- Abbau von Ritualen, Zwängen, Auto- und Fremdaggressionen
- Hyperaktivität, grob- und feinmotorische Defizite, Isolation aufheben
- Kinder mit niedrigem Entwicklungsniveau: Aufbau von Blickkontakt, Nachahmung, Sortieren, einfache Kommunikation
- Kinder mit hohem Entwicklungsniveau: Entwicklung von Sozialverhalten, emotionale Intelligenz, Kompensation der Lernschwäche, Selbstständigkeit

- Psychopharmaka

Empirisch gut abgesicherte Methoden:
- Frühinterventionsprogramm (globale Verhaltenstherapie) nach Lovaas 1987 und angewandte Verhaltensanalyse (ABA)
- Verhaltensmodifikation einzelner Symptome mit Verhaltenstherapie
- TEACCH (Treatment and Education of Acustic and related communication handicapped children, Mesibov 1996)

Empirisch moderat abgesicherte Methoden:
- TSF
- ToM-Training
  PECS (Picture Exchange Communication System- Bondy & Frost 1994)
- RDI (Reationship Development Intervention)

Schwache Evidenz:
Massagetherapie

Negative evaluierte Methoden:
FC (Rosemary Crossley)
- Sensorische Integration

Methoden ohne empirische Absicherung:
- Logo-, Physio- und Ergotherapie
- Floor-Time-Programm (Stanley Greenspan 1998)

*Umstrittene Methoden (*nur kurzfristigen Placeboeffekt*):*
- Festhaltetherapie (Martha Welch 1988)
- Reit- und Delphintherapie
- Daily-Life-Therapie
- Klangtherapie
- Spezialbrillen

Medikamentöse Therapie
- keine Medikation gegen Primärsymptomatik verfügbar
- Pharmakotherapie insbesondere bei komorbiden Störungen und einzelnen Symptomen (z.B. Anfallsleiden= Antikonvulsiva, Fremd- und Selbstaggressionen= atypische Neuroleptika)

Intensive globale Verhaltenstherapie
(Frühförderung)
- Klassischer Ansatz früher intensiver Verhaltenstherapie bei Kindern mit Verdacht auf Autismus
- Seit 60er Jahren angewandt, erster in den USA erhältlicher Ansatz
- Auf lerntheoretischen Prinzipien beruhend, ab 2.5 Lebensjahr
- Zunächst überwiegend im klinischen Bereich, heute auch in häuslicher und schulischer Umgebung
- verhaltenstherapeutisches Programm, ca. 3 Jahre, Therapeutenteam alleine mit Kind 40Std./ Woche

- Ziel: Erlernen grundlegender sozialer Verhaltensweisen wie Herstellung von Blickkontakt, gemeinsamer Aufmerksamkeit und Imitation, Sprache verstehen, Spielfähigkeit, abstrakte Konzepte, schulische Fähigkeit
- erstes Jahr: Selbststimulation durch Aggressionen wird reduziert, Übung imitativen Antwortens und funktionellem Spiel. Zweites Jahr: Erlernen der expressiven und abstrakten Sprache, soziale Interaktion und Umgang mit Gleichaltrigen. Eingliederung in das allgemeine Vorschulprogramm. Drittes Jahr: Emotionsausdruck, Beobachtungslernen, Voraussetzung für schulisches Lernen
- basiert auf Prinzip der ABA/angewandte Verhaltensanalyse (Applied Behavior Analysis), d.h. einer streng problemorientierten Verhaltenstherapie. Von Eltern oft als dressierend erlebt
- Bei hoher Therapieintensität bekommen Kinder in kleinen Schritten Fertigkeiten beigebracht: durch operantes Konditionieren, Beobachtungslernen, Imitation
- Verhalten soll generalisiert werden, Aufbau von Routinen, Automatisierung
- Verhaltensänderungen auf kognitiven und adaptiven Verhaltensskalen (langfristig stabil)
- Verbesserung: Sprachfähigkeit, Intelligenz, schulische Fertigkeiten
- keine Verbesserung: adaptiven Verhaltens (nach Smith et al. 2000)

Techniken für umschriebene Verhaltensprobleme:
- durch operante Konditionierung
Bsp. Sprachstörung, Stereotypien, Selbst- und Fremdaggression

TEACCH
(und Step beruhen auf Training von Schlüsselverhaltensweisen)
- ca. 25 Std./ Woche, mehrere Monate
- Alter: alle, Bezugspersonen werden am Förderprozess beteiligt
- Leitgedanke: jeder autistische Mensch soll in der Welt leben, lernen und arbeiten. Größtmögliche Selbstständigkeit und Entfaltung
- Methode: z.B. Visualisierung und Einsatz individuell abgestimmter Strukturierungshilfen
Aufbau kompensatorischer Verhaltensmuster auf der Basis vorhandener Fähigkeiten. Weniger das Ausmerzen aller Schwächen. Aufbauend auf den Sonderinteressen der Autisten
- Ziel: Erhöhung der Lebensqualität der Betroffenen, besseres Verständnis der Umgebung, , Formen der Kontaktaufnahme, Soziale Fertigkeiten, kommunikative Kompetenzen, Hilfe zur Alltagsbewältigung

TSF
- Ziel: Förderung der ToM-Fähigkeiten und Sensibilisierung für soziale Sachverhalte
- u.a. durch Beobachtungslernen
z.B. durch Erklärung von Situationen/ sozialen Interaktionen anhand von Geschichten/ Skripten
- z.B. mithilfe der Social-stories-Methode

Soziale Geschichten
(Carol Gray 2000)
- auch „comic strip conversations" und "thinking storries" genannt
- Ziel: Schemabildung für soziale Zusammenhänge

- Kurzgeschichten, die von alltäglichen Problemen autistischer Menschen handeln mit Bildern und Worten. Hinweise für (un)angemessenes Verhalten. Möglichst individuell verfassen

- Vier Grundtypen an Sätzen
  1. deskreptive Sätze: Fakten wie: mein Name ist…
  2. perspektivische Sätze: Zustand/ Gedanken anderer: mein Lehrer weiß, wie…
  3. directive Sätze: Absichten: ich werde aufpassen
  4. affirmative Sätze: bejahen Sachverhalte: das ist toll!

- Kontrollsätze: helfen Autisten, Situationen zu bewältigen: wenn ich gehänselt werde, dann…
- Kooperationssätze: helfen, Unterstützung zu suchen: ich renne zum Lehrer, wenn mich Mitschüler schlagen

Bsp. Tom ist empfindlich gegenüber Berührung: Therapeut verfasst Geschichte über in 2erReihen gehen

ToM-Training
 (Bekanntestes Programm)
- „Teaching children with autism to mind-read" (Howlin 1998) eignet sich zum ToM-Training bei Kindern
- Insbesondere bei Asperger und H-F-A
- Ziele: Vermittlung von ToM-Fähigkeiten, sozio-kommunikative Fertigkeiten, Emotionen, andere psychische Zustände, Spielverhalten
- vor dem Training der ToM-Aufgaben zunächst exekutive Funktionen, Voraussetzungen wie die Unterscheidung von eigenen/fremden Handlungen, gemeinsame Aufmerksamkeit etc.
- Bilder von beschäftigten/spielenden Kindern mit unterschiedlichen Gefühlen. Autisten müssen psychische Zustände, Situation, Emotion erkennen

- Fünf Stufen des Verständnisses müssen durchlaufen werden:
1. Emotionen in Fotografie erkennen
2. in schematischer Darstellung
3. situative Emotionen
4. Wünsche
5. Überzeugungen

PECS
- Alternatives Kommunikationssystem zur nonverbalen Verständigung
- Kommunikation durch Tauschen von Karten z.B. Bildkarte, um ein Objekt zu erhalten. Verstärkung, in dem er das Objekt bekommt
- T hält Bildkarte dabei an den Mund und spricht für das Kind „ich möchte die Puppe"
- Kind soll einige Teile nachsprechen
- Lernt Karten zu differenzieren, später dann: ich will- ich sehe- ich kann… Karten, sprachliche Strukturen entstehen
- auf Fragen mit Fotos antworten

FC
- Kommunikationshilfe durch Tastatur oder Buchstabentafel
- Assistenz einer zweiten Person „Facilitator/ Stützer"
- durch Antworten auf Fragen, schriftliche Mitteilungen und Kommunikation
- Vorwurf: unbewusste Steuerung des Stützers

Ergänzende Maßnahmen
(auch im Frühförderalter, insbesondere bei Asperger):
- Logopädie= Insbesondere bei Asperger und Dyslalie (wenn das Kind einzelne Buchstaben nicht richtig aussprechen kann). Autisten zeigen Auffälligkeiten in Tonlage, Lautstärke, Geschwindigkeit. Förderung der Sprech- und Sprachfähigkeit, nonverbale Kommunikation
- Ergotherapie= Förderung der Selbstständigkeit, alltagspraktischen Verhaltens, Feinmotorik, Umgang mit Materialien, neue Umwelterfahrungen
- Physiotherapie= Verbesserung der Koordination/Grobmotorik, Verbesserung eines herabgesetzten Muskeltonus und verminderte Kraft, mangelnde Koordination von Kauen und Schlucken, Bewegungskoordination und Körperwahrnehmung.

Floor Time- Programm
- Ziel: *emotionale* Entwicklung des Kindes
- Kind soll während der Therapie frei und entspannt sein
- Durch Ruhe und Zurückhaltung Verbesserung der Aufmerksamkeit/ Initiative

Festhaltetherapie
- Fundierung stammt von Tinbergen und Tinbergen (1983)
- Ziel: Furcht vor Nähe abbauen, Urvertrauen aufbauen
- durch Erzwingen der Kontaktaufnahme durch hautnahes Festhalten.

häusliches Therapieprogramm
- wesentliche Komponente der Frühförderung seit dem Loovas-Programm
- Durchführung der Programme von Co-Heimtherapeuten (u.a. Studenten) 18-40 Std./Woche, 2 Jahre
- Elterntrainingsgruppen (vorher: strukturiertes Elterntraining mit Supervisoren)
- Ziel: Einbezug der Familie, um sicherzustellen, dass Bezug zu Lebenssituation des Kindes besteht und Erlerntes auf Alltag übertragen wird
- Eltern verfügen über bessere Verstärker. K verbringt meiste Zeit in Familie
- Therapeuten in Familie kann Entlastung sein

Videoberatung
- Beratung über Bild und Ton, man sieht Interviewer über Bildschirm
- Schwerpunkt wird besprochen
- Programm stellt schulische und therapeutische Aufgaben dar
- Eltern bekommen Hilfe beim Erstellen von Lernaufgaben, Verbessern von Motivation etc. und 6
Aufgaben (werden beim nächsten Beratungstermin live übertragen)

Diagnoseverfahren
BADO (Basisdokumentationssystem für KJP)

CHAT (Checklist for Autism in Toddlers)
- für Symptome vor dem 2. Lebensjahr. Bekannteste Skala zur Frühdiagnostik
- Zweiteiliges Screening-Verfahren
- Elternfragebogen (Interesse an anderen Kindern. Jemals Zeigefinger benutzt)
- Beobachtungen des Klinikers (Augenkontakt)

U-Checklisten des Regionalverbandes „Hilfe für das autistische Kind"
- Sprache, Ess-Trinkverhalten etc. alles

CESA (Checkliste zur Erfassung früher Symptome bei Autismus)
Ankreuzen ja und nein

KCFA (Komorbiditätscheckliste frühkindlicher Autismus)
- Auflistung aller Komorbiditäten mit Frage ja/nein

EEFA (Elternexplorationsschema für frühkindlichen Autismus)
Ankreuzen auffällig vs. unauffällig

Achse VI (ICD-10)
- Globale Beurteilung des psychosozialen Funktionsniveaus
- Psychische, soziale, berufliche etc. Fähigkeiten

CAV (Checkliste adaptiven Verhaltens)
Beispielfragen: Kann das Kind sich orientieren? Straßenverkehr? Allein auf Toilette?

BSFA (Beobachtungsschema für frühkindlichen Autismus)
0-3 ankreuzen- Bsp. Sprachentwicklung, sensorische Interessen

ADOS (Beobachtungsskala für Autistische Störungen)
- Beurteiler: Klinik
- Alter: (nicht) sprechende Kinder, sprechende Jugendliche und Erwachsene
- Autoren: Rühl 2004
- Was: strukturiertes Verfahren zur Erfassung der Kommunikation, sozialen Interaktion,
Spielverhalten, Fantasiespiel
- Standardisierte Aufgaben, Aktivitäten und Interviewelemente

- Aufwändiges Verfahren (Vier Module, pro Modul 30-45 Min: Modul 1= für nichtsprechende konzipiert, Modul 2= für Menschen die sprechen aber nicht fließend ...
Jedes Modul zwischen 28 und 31 kritische Verhaltensweisen aus den Bereichen Kommunikation, Interaktion, stereotypes Verhalten etc. Wird anhand 3-4 stufiger Skala eingeschätzt)

Bsp. Reaktives Lächeln:
1. verzögertes Lächeln auf Bezugsperson
2. Lächelt Bezugsperson erst an, wenn...
3. reagiert gar nicht

FEFA (Frankfurter Test und Training des Erkennens von fazialem (zum Gesicht gehörend) Affekt)
Bölte 2002, Diagnose und Therapie
- Computergestütztes Test- und Trainingsprogramm mit Fähigkeit zum Erkennen von Gesichtsausdrücken
- Richtet sich nach Konzept der 7 Grundemotionen nach Ekman (1972)
- Etwa 1000 Bilder von Gesichtern und Augenpaaren

FSK (Fragebogen zur sozialen Kommunikation)
- Beurteiler: Eltern, enge Bezugspersonen, Betreuer
- Alter= alle
- Autoren: Bölte, Poustka 2006
- Screening-Fragebögen. Werden schriftlich zur Entwicklung und zum Zustand des Kindes befragt
40 dichotom skalierte Items. 7 werden bei nichtsprechenden weggelassen
- Erfassen qualitative Auffälligkeiten der sozialen Interaktion, Kommunikation und restriktive, repetitive und stereotype Verhaltensweisen

ADR-I (Diagnostisches Interview für Autismus – revidiert)
- Beurteiler: Kliniker
- Alter: alle
- Autoren: Bölte 2006
- Spezifisch für die Diagnose von Autismus
Diagnostischer Algorithmus des ADI-R ermöglicht Bewertung, ob Autismus vorliegt
Auswahl von 42 der insgesamt 93 Items (16= soziale Interaktion, 13= Kommunikation etc.)
- 0 (Abwesenheit des Symptoms) bis 3 (schwere Manifestation des Symptoms)
- Für Autismus-Diagnose muss der Cut-Off (kurz vor maximaler erreichbarer Punktzahl der einzelnen Bereiche wie Kommunikation, Bsp. Kommunikation 17 (Cut-off 7))

- Interview besteht aus 6 Teilen:
1. Erfragen von Hintergrundinformationen über Kind und Familie, Geschwister, Beschulung etc.
2. frühe Entwicklungsgeschichte, Bsp. Wann Eltern sich das erste Mal sorgten
3. -5: bestimmte Aspekte der Vergangenheit. Verhalten im Bereich Kommunikation,, soziale Entwicklung und Spiel
1. unspezifische, komorbide Verhaltensschwierigkeiten: Motorik, Autoaggression etc.

- Dauer: 1.5- 2 und 4 Stunden

K-SADS-PL (Kiddie Schedule for Affective Disorders and Schizophrenia Present/Lifetime)
- Beurteiler: Eltern, Patient, Kliniker
- Alter: 6-18 Jahre
- Autoren: Delmo 2000
- Strukturiertes diagnostisches Interview zur Erfassung kjp Störungen nach ICD-10 und DSM-IV
Bsp. Depressionen, Ängste, Alkohol... alle Störungen
- Zunächst werden Eltern befragt, dann betroffenes Kind. Aktuelle und zurückliegende Zustände
Unstrukturiertes Eingangsinterview, Screening-Interview, diagnostische Erweiterungsinterviews
- Dauer: 1-3 Stunden

CBCL4-18 (Elternfragebogen über das Verhalten von Kindern und Jugendlichen)
- Beurteiler: Eltern
- Spezifität: Störungsspezifisch-allgemeine Psychopathologie
- Alter: 4-18
- Autoren: Döpfner 1994
- International: gibt's in mehr als 50 Sprachen
- Erster Teil: Urteil der Eltern über psychosoziale Kompetenzen
- Zweiter Teil: Beurteilung der Verhaltens- und emotionalen Auffälligkeiten und somatische
Beschwerden
- Übergeordnete Skalen: Internalisierende (sozialer Rückzug, ängstlich, depressiv) und
externalisierende (dissoziales Verhalten, Aggression) Auffälligkeiten

WET (Elternfragebogen des Wiener Entwicklungstests)
- Beurteiler: Eltern
- Spezifität: störungsspezifisch-adaptives Verhalten
- Alter: 3-6
- Autoren: Kastner-Koller 2002
- Erfasst, über welche lebenspraktischen Fertigkeiten Kind verfügt
- 22 Items
- Einschätzung der Selbstständigkeitsentwicklung

PEP-R (Entwicklungs- und Verhaltensprofil für Kinder). (AAPEP), Jugendliche, Erwachsene
- Spezifität: Autismus und Entwicklungsbehinderung
- Alter: alle
- Autoren: Kinder: Schopler 2000, Erwachsene Mesibov 2000
- Förderdiagnostisches Instrument mit geringen verbalen Anforderungen.
- Erfasst kognitive Funktionen, soziale und affektive Aspekte eines Kindes

- Entwicklungsskala
mit 131 Items zur Erfassung: Imitation, Wahrnehmung, Auge-Hand-Koordination, Grob-
Feinmotorik, kognitive/sprachliche Leistungen
43 Items: Sprache, Spiel, Interesse an Umwelt, sensorische Reaktion

Leitlinien zur Diagnostik, Verlaufskontrolle, Beratung und Therapie bei autistischen Störungen (Poustka, Bölte, Feneis-Matthews, Schmötzer 2008)

L1: Früherkennung
L2: Exploration und Befragung der Eltern
L3: Verhaltensbeobachtung und/oder Exploration und Verhaltensanalyse
L4: Testpsychologische Untersuchungen
L5: körperliche und neurologische Untersuchungen
L6: Multitaxiale Klassifikation
L7: Verlaufskontrolle
L8: Indikation für ambulante oder (teil-)stationäre Therapie
L9: Eltern und Familienberatung/Selbsthilfe
L10: Eltern- und Erziehertraining
L11: Verhaltenstherapie und Frühförderung
L12: Sprachanbahnung
L13: TSF
L14: ergänzende Maßnahmen
L15: Alltagsstrukturierung, wohnen zu Hause, externe Betreuung
L16: Kindergarten, Beschulung, Hilfe bei der Arbeitssuche
L17: Krisenintervention
L18: medikamentöse Intervention

L1: Früherkennung
freiwillig, (vor dem 3. Lebensjahr)
Durch Beobachtungs- und Fragebogenskalen, Analyse von Videoaufzeichnungen, z.B. CHAT

erste unspezifische Symptome (zwischen Symptomwahrnehmung und Diagnose 2.5 Jahre)
- Wein- und Schreianfälle, Ausbleiben reaktiven Lächelns, Mangel an Imitation etc.
- Kommunikation: reagiert nicht auf Namen. Kein Winke-Winke. Sprache lässt nach, Ausbleiben der Blickverfolgung, keine Zeigegeste
- Sozialisation: kein soziales Lächeln, kaum Blickkontakt, ignoriert Eltern und andere Kinder, kein Imaginatives Spiel
- Allgemeines Verhalten: Schlafstörungen, apathisch, Störung der Nahrungsaufnahme
- eventl. physische Stigma wie Asymmetrien der Ohren. Anomalien des Mundes/ Rachen

Symptome, die unbedingt eine weiterführende Diagnostik erfordern
- Fehlendes kommunikatives und soziales Verhalten (keine Gesten, kein Brabbeln)

L2: Exploration und Befragung der Bezugspersonen
(Obligatorisch)
- Erfassung der Entwicklungsgeschichte, der aktuellen Autismussymptomatik, komorbider psychiatrischer Symptome, adaptive (Anpassung) Fähigkeit durch die Bezugsperson

Diagnostische Interviews, standardisierte schriftliche/mündliche Befragungen, z.b. FSK, SRS

SB= Subbereich
Sektion 1: Autistische Symptomatik des Kindes/ Jugendlichen/ Erwachsenen

1. Qualitative Auffälligkeiten in der gegenseitigen sozialen Interaktion
SB1: Unfähigkeit, nonverbales Verhalten zur Regulation sozialer Interaktionen zu verwenden
Mangel an Blickkontakt
Lächeln
Körpersprache
Eingeschränkte Bandbreite an Mimik
SB2: Unfähigkeit, Beziehungen zu Gleichaltrigen aufzunehmen
keine Phantasiespiele, Gruppenspiele, Aktivitäten mit Gleichaltrigen
keine/negative Reaktion auf die Annäherung anderer
keine Freundschaften, kein Interesse an anderen Menschen
Kein Initiieren von sozialer Interaktion, Mangel an Grußverhalten
SB3: Mangel an geteilter Freude
keine geteilte Aufmerksamkeit mit anderen, keine Lenken der Aufmerksamkeit anderer
keine Angebote, etwas zu teilen
kein Bedürfnis, Vergnügen zu teilen oder sich mit anderen mitzufreuen
kein Zeigen, Bringen oder Erklären von Dingen, die für den Betroffenen von Bedeutung sind
SB4: Mangel an sozio-emotionaler Gegenseitigkeit
kein Spenden von Trost, Tröstenlassen. Mangel an Zärtlichkeit
kein Entgegenstrecken der Arme, um auf den Arm genommen zu werden
Benutzung des Körpers anderer zur Verständigung
Mangel an Qualität der Kontaktaufnahme
Unangemessenheit des Gesichtsausdrucks
Unangemessenheit sozialer Reaktionen, sozialer Enthemmungen
2. Qualitative Auffälligkeiten der Kommunikation und Sprache
SB1: Mangel/ Verzögerung der Sprache und fehlende Kompensation durch Gestik und Mimik
Verzögerung/ Störung der Sprachentwicklung, ohne nonverbale Kompensation
Kein Deuten, um Interesse zu bekunden
Mangel an empathischen, beschreibenden, konventionellen und/oder instrumentellen gesten
Kein Nicken oder Kopfschütteln
SB2: Mangel an variirendem spontanem „so-tun-als-ob-Spiel" oder sozialem Imitationsspiel
Kein spontanes Imitieren von Handlungen
Kein phantasievolles Spielen
Kein imitierendes soziales Spielen

SB3: Relative Unfähigkeit, einen sprachlichen Austausch zu beginnen und aufrechtzuerhalten

-kein soziales Lautieren und Plaudern

Keine wechselseitige Kommunikation

Keine Gespräche, die Interesse anderer ausdrücken

SB4: Stereotype Verwendung der Sprache/idiosynkratischer Gebrauch von Worten/ Phrasen

stereotype Lautäußerung und verzögerte Echolalie

unangepasste Fragen oder Feststellungen

Pronominalumkehr

Neologismen und/oder idiosynraktische Sprache

3. Repetitives, restriktives und stereotypes Verhalten

SB1:Umfassende Beschäftigung mit stereotypen und begrenzten Spezialinteressen

-Spezialinteressen, abnorme Interessen

- normale Interessen aber ungewöhnliche Intensität

SB2: Offensichtlich zwanghaftes Festhalten an nicht funktionalen Handlungen oder Ritualen

Wortrituale

Zwänge, Handlungsrituale

Widerstand gegenüber geringer Veränderung des Tagesablaufs

Und der persönlichen Umgebung

SB3: stereotype und repetitive motorische Manierismen

Hand- und Fingermanierismen

Andere komplexe Manierismen oder stereotype Körperbewegungen

SB4: vorherrschende Beschäftigung mit Teilobjekten oder nicht funktionalen Elementen von Sachen

repetitiver Gebrauch von Objekten oder Interesse an Teilen von Objekten

ungewöhnliche sensorische Interesse (Geruch, Berührung, Vibration, Geräusch)

4. abnorme Entwicklung vor dem 36. Lebensmonat

SB1: rezeptive oder expressive Sprache (zur sozialen Kommunikation)

SB2: selektive soziale Zuwendung oder reziproke soziale Interaktion

SB3: Funktionales oder symbolisches Spiel

Diagnosestellung:

F84.0Frühkindlicher Autismus

- konsistente Symptome aus 6 SB der sozialen Interaktion, Kommunikation und repititiven, restriktiven und stereotypen Verhaltensweisen
- mindestens 2 aus Bereich soziale Interaktion
- je 1 aus Bereichen Kommunikation, repititives, restriktives und stereotypes Verhalten
- mindestens 1 Auffälligkeit im letzten Bereich

F84.5Asperger-Syndrom

- Kriterien des F84.1 im Wesentlichen erfüllt

- Aber keine eindeutig verzögerte Sprachentwicklung
- Adaptives Verhalten/ Selbstständigkeit in ersten 3. Lebensjahren normaler intellektuellen Entwicklung

F84.1Atypischer Autismus
- Krankheitsbeginn nach Vollendung des 3. Lebensjahres
- nicht alle Kriterien aus den SB von F84.1 werden erfüllt

F84.2Rett-Syndrom
- normale Entwicklung während der ersten 5. Lebensmonate
- dann Verlust zielgerichteter Handbewegungen, stereotype Handbewegungen, Abnahme des Kopfwachstums, Gangunsicherheit, Rumpfschaukeln, psychomotorische Verlangsamung
- Störungen der Kommunikation, Interaktion, Srache

F84.3sonstigen desintegrativen Störungen des Kindesalters
- Periode normaler Entwicklung bis zum 2. Lebensjahr
- Dramatischer Verlust erworbener Fähigkeiten in mindestens 2 Bereichen (Sprache, Spiel, soziales oder adaptives Verhalten, motorische Fertigkeiten, Darm-Blasenkontrolle)
- 2 Bereiche jeweils Auffälligkeiten: soziale Interaktion (wie bei F84.1), Kommunikation (wie bei F84.1), repetitives, restriktives oder stereotypes Verhalten, allgemeiner Interessenverlust an Umwelt/ Objekten

F84.4überaktive Störungen mit Intelligenzminderung und Bewegungsstereotypien
- mittelgradige geistige Behinderung
- hypermotorische Unruhe
- repetitives, restriktives oder stereotypes Verhalten
- keine sozialen Beeinträchtigungen wie bei infantilem Autismus

F84.9nicht näher bezeichnende TE
- eindeutige autistische Verhaltensweisen
- Mangel an Informationen oder widersprüchliche Befunde

Sektion 2: Entwicklungsgeschichte und medizinische Anamnese
z.B. ADI-R, BADO

1. Erste Sorgen, Beginn der Symptomatik
z.B. Alter als das erste Mal Auffälligkeiten bemerkt wurden/ Hilfe aufgesucht wurde, erste Symptome

2. Meilensteine der Entwicklung: erste Worte, Sätze, Laufen, Sauberkeit
z.B. freies Laufen, ohne sich festzuhalten, Erlangen der Blasenkontrolle/Darmentleerung, erste Worte, Verlust sprachlicher Fähigkeiten

3. Neurologische Erkrankungen, u.a. Epilepsie, motorische Störungen
z.B. Schädel-Hirn-Trauma, Meningitis, Ohnmacht, Epilepsie, grobmotorischer Gang

4. Organische Syndrome, bei 10% diagnostizierbares organisches Syndrom

5. Umweltfaktoren

6. Chronische Erkrankungen/ Medikamente, z.b. durch Unfälle entstandenes Handicaps

Sektion 3: Psychiatrische Komorbidität und Differenzialdiagnose
z.b. ADI-R, BADO, KCFA, differentialdiagnostischer Entscheidungsbaum für Autismus (S. 62)

- Abgrenzung zur Differenzialdiagnostik wichtig! Komorbidität berücksichtigen!

Geistige Behinderung sowohl komorbide Störung als auch Differenzialdiagnostik
(bei 25-50% der Fälle)

Sprachstörungen: expressive und rezeptive Sprachstörung
- nonverbale Kommunikation/ phantasievolles Spielen vorhanden

Landau-Kleffner-Syndrom
- erworbene Aphasie (Sprachverlust) mit Epilepsie. Zunächst normale Entwicklung, dann plötzlich Verlust expressiver/rezeptiver Sprachfähigkeit. Intellektuelle Fähigkeiten unbeeinträchtigt

Deprivation
- Interaktion/ Sprache autismusähnlich

Schizophrenie
- längere Phase der normalen Entwicklung (bis 7/8 Jahr)
- Positivsymptome: Wahn, Halluzinationen
- Negativsymptome: Trägheit, flacher Affekt (autismusähnlich)

Schizoidie
- Schizoide Persönlichkeit: emotionale Kälte, Distanziertheit, Gleichgültigkeit gegenüber Kritik

Mutismus (elektiver)

Bindungsstörungen:
- Auffällige soziale Beziehungsmuster zu Betreuungspersonen, Mangel an Kontakt zu Gleichaltrigen

Angst- und Zwangsstörungen:
- Unsicherheit, Vermeidungsverhalten, stereotype ritualisierte Handlungen

Tics (2 Tics bei Tourett-Syndrom)
- motorische Tics: rasche wiederholte unwillkürliche Bewegungen wie Schulterzucken

- vokale Tics: Lautproduktion wie zischen, räuspern
- Komplexe Tics: sich selbst schlagen, Springen

Depression
- Oft bei Asperger/ HFA

Sektion 4: Adaptive Fähigkeiten/ Funktionsniveau
z.B. CAV, ADI-R, ICD-10-Definition eng mit Konzept des Funktionsniveaus verknüpft

1. Alltagspraktische Fähigkeiten, Selbstständigkeit
Explorationsbeispiele: was kann ihr Kind im Alltag, was nicht? Alleine an- und ausziehen? Regeln im Straßenverkehr?

2. Hobbies, Freizeitaktivitäten
Explorationsbeispiele: Sportart? Bücher?

3. Besondere Fertigkeiten, Schule, Ausbildung, Beruf
Explorationsbeispiele: Besondere Fähigkeiten in einem bestimmten Bereich? Was kann ihr Kind besonders gut? Schulische/berufliche Qualifikation?

4. soziale und kommunikative Fähigkeiten?
Explorationsbeispiele: Ist ihr Kind irgendwo über die Familie hinaus integriert? Freunde? Telefon? Tanzgruppe?

Sektion 5: Therapie und Familienanamnese
2. Vorbehandlung in Form von Verhaltenstherapie, Pharmakotherapie etc. (welche Maßnahmen wurden bis jetzt ergriffen?)
3. Familienstruktur (geschieden? Familienfreunde? Familienregeln und -konsequenzen?)
4. Belastung/Krisen in der Familie/psychische Probleme, z.b. Eheprobleme, gesundheitliche Probleme, Arbeitslosigkeit
5. ethische Haltung der Eltern (vertretbare Therapie)
6. Therapieerwartungen, Ressourcen, elterliche Motivation (Erwartungen, Vorstellungen der Zusammenarbeit)
7. Therapieziele der Eltern (was wollen sie für ihr Kind erreichen?)

Leitlinie 3: Verhaltensbeobachtung und/oder Exploration und Verhaltensanalyse
(Obligatorisch)
z.B. AQ= Autismus-Spektrum-Quotient , EQ= Empathie-Quotient, frei/durch psychometrische (psychologisches Messen) Instrumente, BSFA

klinische Verhaltensbeobachtung (alle Altersgruppen)
- Wird in verschiedenen Umgebungen/Situationen/im Alltag zu seinem Erleben/Befinden exploriert

- Interaktion mit dem Kind nur, wenn man zuvor seine Aufmerksamkeit erhalten hat, durch Blickkontakt, Berührung, Namensnennung etc.
- Kontakt möglichst ohne Eltern, Eltern trotzdem einbeziehen, z.b. nach Verstärkern fragen
- Beurteilung nach ICD10

Exploration des Betroffenen:
- Autisten mit gutem Funktionsniveau/Sprachfähigkeit können auch selbst exploriert werden
- Ziel: Beurteilung der sozio-emotionalen/kommunikativen Verhaltensweisen
- Zum Beziehungsaufbau zunächst lockere Unterhaltung über Interessen, danach fließend zu anderen diagnoserelevanten Themen überleiten, z.b.
- Allgemeine Situation/ Befinden: wo wohnst Du? Schule? Hobbies?
- Exploration der aktuellen autistischen Symptomatik: weißt Du, warum du heute hier bist? Kontaktschwierigkeiten? Freundeskreis? Verstehst Du das Verhalten anderer?
- Familienleben/Therapie: kommst Du gut mit deinen Eltern aus? Warst du schon mal in Therapie?

Verhaltensanalyse :
- Problemverhalten des Kindes wird unter dem Aspekt der Veränderbarkeit diagnostiziert. Bedingung der Entstehung/Aufrechterhaltung
- Analyse von Verstärkern (Lob, Belohnung) und Einschätzung der Steuerbarkeit des Kindes
- Beobachtung weiterer Sachverhalte: Kontaktverhalten mit Eltern/Geschwistern, z.b. durch Videoaufnahmen
- Ausgangspunkt für die Verhaltensanalyse sind bestimmt Modellvorstellungen zur Verhaltenssteuerung

Leitlinie 4: Testpsychologische Untersuchung
(obligatorisch)
Intelligenz- und Entwicklungsdiagnostik:
- Kognitive Fähigkeiten
- für Interventionsplanung wichtig
- Kein Verfahren speziell für autistische Menschen

Neuropsychologische Diagnostik:
- „Wer psycho ist, ist im Prinzip auch neuro"
- Neuropsychologische Skalen, um spezifische kognitive Probleme zu identifizieren
z.B. ToM, False-Belief-Aufgaben
wie Eiswagenverkäufer, Gesichterlesen zum Erkennen des fazialem Effekts (Schwierigkeit, Mimik/Gestik/Tonfall/Laune des Gegenübers einzuschätzen)
- Exekutivfunktionen
breites Testspektrum, z.B. sprachliche Flexibilität, Geschwindigkeit der Informationsverarbeitung (Schwierigkeit, sich anzuziehen, weil kein Plan da ist, was zuerst kommt)
- Schwache zentrale Kohärenz (Gesamtzusammenhänge/daraus resultierende Probleme werden nicht gut erfasst, häufig kein Instruktionsverständnis)

Körperliche und neurologische Untersuchungen
- Sinnesfunktionen

Leitlinie 5: Körperliche und neurologische Untersuchung
(teilweise obligatorisch)
- Allgemeinzustand, Hör- und Sehvermögen (Gehörlosigkeit und Blindheit führen auch zu Schwierigkeiten in sozialen Kontakten/Kommunikation), neurologische/körperliche- und Stoffwechseluntersuchungen, molekularbiologische Tests
- Reifestatus, Pflegezustand, Dysmorphiezeichen, Ernährungsgewohnheiten

- Elektroenzephalographie (EEG) und bildgebende Verfahren
- Blutanalysen zur Erfassung genetisch bedingter Stoffwechselkrankheiten wie Phenylketonurie

Leitlinie 6: Multitaxiale Klassifikation
(obligatorisch)
z.b. BADO
- nach Ansammlung der Daten Befund im ICD-10 suchen-Ergebnisse aller diagnostischen Befunde werden verdichtet:
Achse I: psychiatrische Diagnostik, z.b. Frühkindlicher Autismus 84.0
Achse II: Entwicklungsstörungen, z.b. Kombinierte Störung schulischer Fähigkeiten F81.3
Achse III: Intelligenzniveau, z.b. IQ= 91 also durchschnittlich
Achse IV: Körperliche Erkrankung, z.b. Epilepsie, Selbstverletzung
Achse V: psychosoziale Belastungen, z.b. keine Kodierung
Achse VI: soziales Funktionsniveau, z.b. ernsthafte Beeinträchtigung in den meisten Bereichen

Leitlinie 7: Verlaufskontrolle
z.B. ADOS
- in größeren Abständen zur Beurteilung der Entwicklung/Wirkung therapeutischer Maßnahmen
- Quantitative Veränderungen

Leitlinie 8: Indikationen für ambulante, teilstationäre und stationäre Therapie
- Schweregrad der Störung, Beschulungsmöglichkeit, familiäre Belastungen/Ressourcen
- zu Beginn möglichst vollstationär, dann ambulant etc.

Indikation für Frühintervention
- Wenn in den ersten 3 Lebensjahren Veränderungen auftreten
- Frühintervention beinhaltet: Sprachanbahnung/Verhaltenstherapie, Hausfrühförderung

- Indikation für ambulante Therapie
- Häufigste Interventionsform bei AS
- Einbezug der Eltern/ Erzieher etc., Kontakt zu Kindergarten/Schule
- immer im Anschluss an (teil-)stationäre Therapie

- Indikation für (teil-)stationäre Therapie
- viele Symptome, hohe Komorbidität
- Erfolglosigkeit in der ambulanten Therapie eintreten
- Dauer: einige Wochen/Monate

- Indikation für langfristige Betreuung
- Wenn stationär keine Erfolge, dann   langfristige Betreuung in heilpädagogischen oder antroposophischen Einrichtungen

- Indikation für multimodale Behandlung
- Ambulante und (teil-)stationäre Therapien sollen multimodal erfolgen
- Bausteine/ Leitlinien sind Elternberatung/Selbsthilfe, Verhaltenstherapie/Sprachanbahnung, TSF, ergänzende Maßnahmen, Platzierungsintervention, z.b. Beschulung/Alltag, Krisenintervention, Pharmakotherapie

- therapeutische Ziele: den Autisten erwartetes, akzeptiertes, funktionales und erfolgreiches Verhalten vermitteln. Familien möglichst geregelte Lebensführung ermöglichen

Leitlinie 9: Eltern- und Familienberatung/Selbsthilfe
z.B. Ratgeber Autistische Störungen (Poustka 2004), www.autismus.de

Entschuldung der Eltern (ihre Schuldgefühle zu Beginn der Therapie aufheben und sie über Ätiologie informieren)

Emotionale und praktische Belastungen
- Emotional: Diagnose als Kränkung und Ungerechtigkeit
- Kränkung/ Traurigkeit, dass das Kind keine Zärtlichkeit erwidert, distanziert ist
- Geschwister; traurig, da sie vernachlässigt werden
- Gesellschaftliches Verhalten: Familien werden häufig schief angeguckt
- Praktisch: fachliche Informationen über Autismus
- Wohnsituation den Therapien anpassen
- Finanzielle Situation
- Zeit und Energie zur Therapieplanung

Information über Symptomatik, Ursachen, Verlauf und Behandlungsmöglichkeiten
- Therapeut muss auf neustem Stand der Forschung sein, insbesondere in Bezug auf Therapieansätze

Information zur Kindergartensuche, Beschulung, Ausbildung, staatliche Hilfen, Behördengänge
- Er sollte Eltern über Institutionen/Behördengänge informieren und bei der Platzierung in eine Einrichtung helfen

Informationen über weitere Hilfe und Selbsthilfeorganisationen
- Multiprofessionalität: Einsatz mehrerer Kollegen und Berufsgruppen
- über Erreichbarkeit von Therapeuten aus anderen Einrichtungen Bescheid wissen
- Bundesverband: Hilfe für das autistische Kind. Besteht seit über 30 Jahren, Selbsthilfeverein für die Förderung effektiver Therapien, Öffentlichkeitsarbeit, Fortbildungen

Leitlinie 10: Eltern- und Erziehertraining
z.B. Ratgeberbücher, Broschüren

Verhaltensmodifikation soll in vielen sozialen Umgebungen erfolgen
- Training der Eltern (Aufgabe des Therapeuten, den Eltern Handwerkzeug für den Umgang mit ihrem Kind zu geben, Förderziele gemeinsam besprechen)

Pädagogische Prinzipien
- Werden entsprechend der Verhaltenstherapie bei AS (Leitlinie 11) gestellt
- Interventionen am besten an konkreten Beispielen den Eltern einüben
- Verstärkung erwünschten Verhaltens/Nicht-Verstärken unerwünschten Verhaltens, z.B. Stereotypien ignorieren. Keine Süßigkeiten zur Unterbindung
- Kommunikation an das Niveau des Autisten anpassen, es können Bilder angewandt werden
- Strukturierung: im Alltag, eindeutige Abläufe/Regeln

Training von Lehrern/ Erziehern
- Ähnliche Prinzipien wie den Eltern aneignen
- Erzieher müssen auch noch die Gruppe mit einbeziehen
- Eventuell Gruppenmitglieder über Autismus informieren

Leitlinie 11: Verhaltenstherapie und Frühförderung
- Intensive Frühförderung mit Verhaltenstherapie:
- verhaltenstherapeutische Prinzipien wie operante Techniken, z.B. operantes Konditionieren: kontinuierliche Verstärkung

Verstärkung:
Materiell: Süßigkeiten
Sozial: Lob
Handlung: Zoobesuch

Oder Verstärkersystem: Token-System (für geistig nicht retardierte Autisten)
- zunächst symbolische Verstärkung durch Sammeln von Punkten, die später gegen Belohnungen eingetauscht werden
- es kann auch zu Verstärkerentzug (also Rückgabe der Punkte) kommen

klassisches Konditionieren:
- Betroffene wollen durch z.B. stereotypes Verhalten sozialen Situationen aus dem Weg gehen. Sie sollen sich daran gewöhnen/ lernen die Situation auszuhalten, negative Assoziationen lockern sich

Imitation und Modelllernen
- oft ist kein sozial erwünschtes Verhalten da, das verstärkt werden könnte. Dann Beobachtungslernen
- Kind konsequent zur Imitation auffordern. Bei richtiger Imitation, direkt verstärken

Kognitive Prozesse
- bei nicht Retardierten können auch Ratschläge und Erklärungen verwendet werden

Aufbau erwünschten und Abbau unerwünschten Verhaltens
Verhaltensaufbau durch:
- Shaping: Verstärkung bei kleinsten Leistungen. Meistens wenn ein Verhalten komplett neu gelernt werden soll
- Chaining: ähnlich wie Shaping: aber nicht der Beginn sondern das Ende eines Verhaltens wird verstärkt
- Prompting: für den Erwerb funktionalen Verhaltens. Therapeut gibt Hilfen, Zeichen, damit der Autist weiß, wann er welches Verhalten zeigen soll
- Fading: wenn auf das Prompting peu a peu verzichtet wird

Bsp. Erlernen von Zähneputzen

Verstärker:
Materiell: Spielzeug, Essen (direkte Verstärkung)
Handlungsverstärker: Zoobesuch, schwimmen (Verstärkung mit Verzögerung)
Symbolisch: Münzverstärkung (Token, z.B. Plastikchips), Noten (Verstärkung mit Verzögerung)
Sozial: Lob, Lächeln, Nähe (direkte Verstärkung)

Verhaltensabbau
- repetitives, stereotypes, restriktives, aggressives Verhalten
- häufig werden Stereotypen versucht durch Verstärker zu beenden, z.B. Ablenkung durch Süßigkeiten

Verhalten muss anschließend generalisiert werden

Leitlinie 12: Sprachanbahnung
Verhaltenstherapeutischer Sprachaufbau (z.B. von Lovaas)
- Kontinuierliche Verstärkung des kindlichen Blickkontakts= zur Lenkung der Aufmerksamkeit auf den Therapeuten
- Dann lernen Therapeut/Elternteil zu imitieren (zuerst Grobmotorik, dann Feinmotorik, dann Sprache)
- Bezüglich Sprache: zuerst Hauptwörter, dann Verben, kurze Sätze etc.

Psycholinguistische Sprachanbahnung
- Basis sind die Gesetzmäßigkeiten des normalen Spracherwerbs von Kindern
- Aktueller Sprachstand wird sukzessiv verbessert
- zusätzlich Aneignen von Gestik, nonverbale Kommunikation etc.

Alternative Kommunikationsmethoden
- Einsatz von Zeichensprache, Fotos, Bildkarten, Kommunikationstafeln, PECS

Leitlinie 13: TSF

soziale Geschichten (www.thegraycenter.org= Hilfe zur Erstellung sozialer Geschichten)
- ToM- Training
- Gesichterlesen (zum Erkennen grundlegender emotionaler Zustände, die durch den Gesichtsausdruck kommuniziert werden. Grundlage für Aneignung von ToM-Kenntnissen. Gesichtsausdrücke mit Gesichtern, Augenpaaren am Computer)

Soziales Training in Gruppen
- überwiegend für Menschen mit Asperger und HFA
- z.b. KONTAKT (Frankfurter-Kommunikations- und soziales Interaktions Gruppentraining bei Autismus-Spektrum-Störungen, Herbrecht 2007)
- Komplettes Programm
- Max 8 Teilnehmer, 1x Woche 1-2Std. Hausaufgaben zur Einbeziehung der Eltern
Ziele: Bewältigung konkreter alltagspraktischer Probleme. Kontaktaufbau zu Gleichaltrigen, Modelllernen, Kooperation, gegenseitige Verantwortlichkeit, soziale/kommunikative Fähigkeiten
- Aktivitäten: gemeinsames Puzzle zum gemeinsamen Problemlösen, Rollenspiele zu den Themen: wie spreche ich jmd. an, von sich selbst berichten: was mache ich?

Leitlinie 14: Ergänzende Maßnahmen
- Ergotherapie
- Logopädie
- Physiotherapie

Leitlinie 15: Alltagsstrukturierung, wohnen zu hause, externe Betreuung
Strukturierung der zeitlichen und räumlichen Umgebung (Hauptanliegen des TEACCH-Programms)
- Interventionsziel: möglichst einfache Gestaltung, Beibehaltung des Ablauf- Kontrolliert auch Neues einbeziehen

Wohnen bei den Eltern
- breites Unterstützungsangebot, Beratungsgespräche, Hilfe bei der Suche nach geeigneten Institutionsplätzen und Elternselbsthilfegruppen, Kurzpflegeeinrichtungen, Behindertenausweis
- Hilfe bei der Gestaltung des Lebensraums (Mobilar, Treppen, Gefahrenquelle sichern wie Steckdose)

Betreuung in externen Einrichtungen
- möglichst nicht nur Aufbewahrung sondern Werkbereich
- Loslösung von der Familie wichtig

Leitlinie 16: Kindergarten, Beschulung, Hilfe bei der Arbeitssuche

Suche einer angemessenen schulischen Einrichtung
- Autisten mit höherem intellektuellen Niveau: Sprachheilschulen, Körperbehindertenschulen, Seh- und Hörbehinderte, Realschule oder Gymnasium
- Integrationshelfer für Autisten in Sonderschulen und integrative Schulen

Integration in die Arbeitswelt
- Werkstatt für Behinderte/Werkbereich innerhalb der Institution
- Intellektuelle Autisten mit Universitätsabschluss haben oft das Problem, dass sie über das Vorstellungsgespräch nicht hinaus kommen (aufgrund sozialer und kommunikativer Unfähigkeit)
- Jobcoaching: Arbeitseingliederungshelfer (führt in die Arbeit ein)
- mögliche Beschäftigungen: Computer-, Büro- oder Archivarbeiten

Leitlinie 17: Krisenintervention

Maßnahmen bei Krisen
- Situationen, die eine außerplanmäßige Intervention erfordern, wenn sich Symptomatik plötzlich zuspitzt (Aggressionen, Zwänge)
= Vorstellung beim KJP/Erwachsenenpsychiater (Aggressionen/ Schlafstörungen werden mit Medikamenten eingestellt. Schmerzmittel z.B. Paracethamol. Stationäre Aufnahme für wenige Tage)

Leitlinie 18: Medikamentöse Intervention
- Stimulanzien (antriebssteigernde Medikamente, bei hyperkinetischem Verhalten zur Konzentrationsverbesserung/Reduktion von Ablenkbarkeit. bei Absetzung der Medikation Zustände nach 3-5 Std. wieder da)
- SSRIs: Selektive Senotonin-Wideraufnahmehemmer (gegen Depressionen, Zwänge und Ängste, langsam aufdosieren)
- Neuroleptika (Bei exzessivem Bewegungsdrang/aggressiven Durchbrüchen., Hyperaktivität, Rückzugstendenzen, motorischen Stereotypien)
- Atypische Neuroleptika
- Stimmungsstabilisatoren (bei aggressivem/automutilativem Verhalten. Gegen Wechsel von Euphorie/Aggressionen)
- Andere Psychopharmaka (gegen Malatolin: Schalfstörungen. Imipramin: Einnässen. Tiaprid: Tics)
- Unwirksame Medikamente (Vitamine, Sekretine, Naltrexon)

STEP-Programm bzw. STEP-Curriculum
(strukturiertes Training & erfahrungsorientieres Programm) (Sammelbegriff)
In Deutschland in Buchformat erhältlich (Bernard-Opitz 2005). In diesem Ansatz werden verhaltenstherapeutische Ansätze des diskreten Lernformats, das Präzisionslernen, erfahrungs- und spielorientierte Ansätze, Elemente des TEACCH aufgegriffen
- Wurzeln in den verhaltenstherapeutischen Ansätzen (Loovas, 1960er-Jahre)
- STEP kann auch bei anderen Entwicklungsstörungen helfen, z.b. Präzisionslernen bei Sprachentwicklungsrückstand zur Verbesserung des Wortschatzes, Münzverstärker für Kinder mit Lernbesonderheiten etc.

- Kinder wissen welche Aufgaben/ Abläufe auf sie zukommen. Visuelle Hilfen durch Bilder/Symbole
- Erste Therapiestunde: Eltern sollen 15 Min zeigen, wie sie mit dem Kind arbeiten/spielen

Sitzordnung: zuerst ist es nötig, Kind in Bewegungsfreiheit einzuschränken. Z.B. mittels eines Stuhls mit Armlehne
Mit Verhaltensverbesserungen werden diese Hilfen abgebaut

1. Diskretes Lernformat (DLF)
- Diskret, da es klar abgegrenzte Komponenten hat
- Einfache Anweisungen, Fragen, Aufgaben, z.B. Wie „was ist das?", "was tut die Mama?"
- Wenn das Kind innerhalb von 3 Sekunden antwortet wird es verstärkt
- Erfolg: führt in 50% zu einer normalen Entwicklung (über Zeitraum von 2 Jahren bei Kindern von 2-4 Jahren)
- reizarme Räume, Therapeut/Patient sitzen am Tisch einander gegenüber. Unterrichtsmaterial in kleinen Kästen organisiert. Antwortverhalten der Kinder wird als richtig oder falsch beurteilt
- therapeutenzentrierte Strategien: einfache Aufgaben

Bsp.
Anweisung: Leg zusammen!
Kind sortiert richtig.
Gut, das ist blau, bekommt eine Rosine.

2. Natürliches Lernformat (NLF), Training von Schlüsselverhaltensweisen (PRT- privotal responsie Training)/ Erfahrungsorientiertes Lernen
- in anderen Therapien konnten Kinder das Gelernte nur nach Anforderung zeigen/nicht auf ungeübte Situationen übertragen
- findet auf dem Fußboden statt (Floor-Time)
- NLF betont kindliche Spontaneität
- „milde Stress-Methode": Handlungsketten unterbrechen: führt oft zu Aufmerksamkeit und schnellem Lernen
- Erfolg: lernen leichter, Gelerntes in den Alltag zu übertragen, sind besser in natürlichen Situationen. Eltern bevorzugen das Verfahren
- Kindzentriert: auf Tisch/Boden interessante Spielsachen= Initiative geht vom Kind aus

Bsp.
Mutter schlägt absichtlich falschen Weg ein. Regt Kommunikation und Problemlöseverhalten an

3. *Präzisionslernen bzw. „Flüssiglernen "(Lindsey 1964)*
- Aufgaben in kleine Lernschritte unterteilt. Jedes Therapieziel soll innerhalb kurzer Zeiteinheiten von 10, 20 Sekunden erreicht werden (Stoppuhren, Timer, Lernkurven (Acceleration Charts), Smileys)
- Verstärkung bei Verbesserungen besteht aus Token (Stern, Smiley)
- wer z.B. drei Token hat wird verstärkt, z-B. Trampolinspringen
- es wird geprüft, ob Gelerntes in verschiedenen Lernkanälen generalisiert/automatisiert wird
- Hör-sag, Sieh-tue- Ebenen
- Erfolg: Präzisionslernen= aufmerksamer, reagieren schneller, lernen leichter
- Therapeutenzentrierte Strategien

Bsp. I
- Ziel: Verbesserung der Handschrift
- es werden Halbkreise in verschiedenen Richtungen in 20 Sekunden-Einheiten trainiert

Bsp. II
- Ziel: Imitation von Worten
- In-Output: hör-sag
- Anweisung: Therapeut fordert auf: „sag Ball"

4. *Visuelle Strategien (PECS, Handzeichentrainingsprogramme (Bernard-Opitz), TEACCH, bebildernde Handlungspläne (Hodgdon 2000))*
- visuelle Systeme meisten Aufgaben im Rahmen des TEACCH-Programms
- Erfolg: Handzeichentraining (Autisten lernen schneller sich durch Wortkarten mitzuteilen als durch Handzeichen), TEACCH (sind in manchen Rehabilitationszentren integriert)
- Material wird von links nach rechts vor dem Kind präsentiert (wie Leserichtung), dann sehen Kinder wie viele Aufgaben noch bewältigt werden müssen
- Therapeutenzentrierte Strategien

Verhaltensanalyse/praktische Aspekte aus der Verhaltenstherapie
Beobachtung
- woraus genau besteht das beobachtete Verhalten? (Operationalisierung, genaue Differenzierung)
- wie oft tritt es auf? (bis die Datenschwankungen stabil sind)
- in welchen Situationen tritt es auf, wann nicht?
- welche Konsequenzen sind sinnvoll?

Funktion des Verhaltens verstehen, entsprechende Konsequenzen einsetzen:
- Wunsch nach Aufmerksamkeit
- Vermeidungsbedingte Verhaltensprobleme (weil Anforderungen an sie gestellt werden)
- Sensorische Stimulation, z.B. Wackeln mit Oberkörper. Einordnen sensorischer Stimulation als visuell, auditiv, taktil, vestibulär, dann Alternative im gleichen Wahrnehmungskanals anbieten. Bsp. Hulla-Hupp-Reifen statt springen
- Zwänge als Wunsch nach Gleicherhaltung der dinglichen Umwelt

Bsp.

Auslöser: Essenssituation

Beobachtbares Verhalten: Kind weint, wirft Teller vom Tisch

Konsequenzen:

Kind wird getröstet, Mutter füttert es. Effekt: Kind wird verstärkt, zeigt Problemverhalten öfters
Kind wird ausgeschimpft/muss Teller aufheben= Strafe, Verhalten wird seltener

Verhaltensaufbau/abbau

STEP-Curriculum: Trainingsaufgaben für Kinder mit ASS

1. Aufmerksamkeit, Blickkontakt und gemeinsamer Blickbezug

Gründe: lernen Aufnahmebereitschaft für Ereignisse, Anweisungen, Rückmeldungen (sonst ist Lernen nur ein Zufall). Vorläufer der ToM

Normale Entwicklung (also Schwierigkeitsstufen für Autisten):
- 3 Monaten: Interaktionspartner ansehen
- 7 Monate: Hin-Herblicken zwischen Gegenständen, z.b. schaut vom Hund zur Mutter

Autistische Entwicklung:
- fehlende gemeinsame Aufmerksamkeit

Individuelle Schlüsselfragen (um Lernkanäle/Motivation/Fähigkeiten des Kindes abzustimmen):
-    reagiert das Kind auf Geräusche, Aufforderungen etc.?
-    In welchen Situationen zeigt das Kind Freude, Neugierde etc.?
-    Erkennt ihr Kind, wohin jemand zeigt oder sieht?
-    Kann ihr Kind die Aufmerksamkeit anderer auf sich ziehen?

Ziele:
-    Aufmerksamkeit (wird zu Beginn erzielt, Aufmerksamkeitsspanne zunächst nur wenige Sekunden)
-    Blick auf Aufforderung „sieh mich an"
-    Blick zu Geräuschen und verbalen Stimuli
-    Blick als Wunsch nach Person, Gegenstand, Handlung, Hilfe (durch Unterbrechen von Handlungsketten wie Eisessen)
-    Blick als Gruß/ Abschied
-    Blick als Frage „was ist das" etc.
-    Blick auf Zeigen (Verfolgen von Zeigefingerhinweise)
-    Bitte um Hilfe. Bsp. Süßigkeit ist in Plastikdose

STEP-Trainingssequenz:
- Methoden: beliebter Gegenstand wird in Augenhöhe des Therapeuten gehalten
- Blick-Objekt-Kontakt, z.b. durch Blick zum Interaktionspartner, Erstaunen ausdrücken
- Zuerst lernen dem Zeigefinger zu folgen
- später können schwierigere Fälle abgestrebt werden, z.b. Was möchte der Smiley haben? (auf nem Bild guckt ein Smiley zu einem Snickers)

Diskretes Lernformat (DLF):
Bsp.
- Ziel: Aufmerksamkeit herstellen
- Anweisung: „Pass auf"
- Hilfestellung: Vormachen und Führen der Hände an die Stuhlseiten
- Konsequenz: verbale/materielle Verstärkung (wenn Reaktion innerhalb von 3Sek). Wenn nicht, Wiederholung der Hilfestellung
Übung 10x

Präzisionslernen:
- Ziel: Personen durch Blick begrüßen
- Personen in einem Kreis ansehen
- Anweisung: „sag hallo"
- Dauer: Häufigkeit des Ansehens in 30 Sek. Wird gezählt. Beim nächsten Mal erhöhen
- Konsequenz: Bestätigen nach jedem Ansehen. Tokens bei der Erhöhung der Anzahl richtiger Reaktionen

Natürliches und erfahrungsorientiertes Lernen:
- Ziel: Wunsch nach Person, Ausdruck von Freude
- Therapeut verdeckt mit seinen Händen Augen des Kindes
- Sagt Kuckuck/singt dabei kuckuck-bah. Öffnet die Hände mit dem Ausruf bah, bist du da?
- Bei Blickkontakt lobt/ verstärkt er das Kind (z.B. durch Kitzeln)

Visuelles Lernen:
- Ziel: Blickkontakt zur rufenden Person
- Kind und Therapeut sitzen im geringen Abstand zueinander
- Alle 3-5 Min ruft T Name des Kindes/für Kinder mit wenig Sprachverständnis: Winkegeste
- Verstärkung wenn das Kind den T anschaut
- Falls nicht geht T ins Gesichtsfeld des Kindes und versucht Aufmerksamkeit zu bekommen

2. Zuordnen
Gründe:
- Fähigkeit, Gegenstände zuzuordnen, sortieren Voraussetzung für kindliche Entwicklung von Denken, Sprache und Problemlösen
- Verstehen von Konzepten wie Farbe Form Größe, Zahlen. Kategorie und Zusammengehörigkeit
- Vergleichen von unterschiedlichen Gegenständen

Normale Entwicklung:
- 18 Monaten: wissen wohin Alltagsgegenstände zu Hause oder im Alltag gehören
- 2 Jahre: können 2 Gegenstände im Bild, 2 Farben, Formen zuordnen
- Können zunächst Gegenstände, dann Bilder zuordnen

Autistische Entwicklung:
- Zuordnen von Bildern einfacher als von Gegenständen

Individuelle Schlüsselfragen:
- Kann ihr Kind Trinkbecher ineinander stellen?
- Kann es gleiche Gegenstände zuordnen? Puzzeln?
- Weiß es, welche Schuhe ihm gehören? Kann es das Auto der Eltern erkennen?

Diskretes Lernformat (DLF):
- Pro Tag neun bis zehn Zuordnungsdurchgänge
- Position der Gegenstände wird immer wieder verändert, damit das Kind sich nicht festlegt
- Ablenker (Baustein etc.) wird immer in die Nähe gelegt

Werden Gegenstände trotz Ablenker richtig zugeordnet, kann mit der Diskrimination von Gegenständen begonnen werden (Gegenstände werden zunächst in Dreierblocks, später dann in zufälliger Reihenfolge zugeordnet)

Bsp.
- Ziel: Gleiche Objekte zuordnen (durch Plastikbecher aufeinanderstellen)
- Auf dem Tisch steht umgekehrter Plastikbecher. T hält zusätzlich einen umgekehrten Becher in Blickhöhe des Kindes
- Nachdem das Kind Blick-Objekt-Kontakt hatte, Anweisung: "stell aufeinander"
- Lob. Falls nicht, dann mithilfe von Handführung
- 10x wiederholen

Präzisionslernen:
- Annahme, das Lernen nicht innerhalb eines stetigen Prozesses verläuft, sondern für erste Lernschritte mehr Zeit als für spätere aufgewendet wird

Bsp.
- Ziel: Kategorien
- 2 Kisten: Tierfiguren und Spielzeugautos
- Anweisung: T gibt K ein Auto. „Leg zusammen"
Dauer: Häufigkeit in 20 Min
Konsequenz: Lob und Token/ Smiley
Aufgabenhierarchie: Sieh-tu, hör-tu, hör-sag, sieh-sag

Natürliches und erfahrungsorientiertes Lernen:
- Weniger strukturiert aber mehr in Alltagshandlungen eingefügt. Weiß das Kind wohin Dinge gehören? Bsp. CD in Player, Bauklötze übereinander? Etc.

Bsp.
- Spielparkhaus mit einigen Autos
- T stellt Auto dazu und lässt alle mit Gebrumm Rampe runterfahren. Hält Auto auf K-Augenhöhe
- Anweisung: „stell zusammen"
- Wenns geklappt hat darf es Autos fahren lassen

*Visuelles Lernen (n*ach dem TEACCH-Modell)
Bsp.
- Ziel: Sortieren nach gleichen Objekten (Schrauben und Muttern)
- Anweisung: verbal: „tu zusammen". Visuell: Bild: Schrauben/Muttern. Handzeichen: zusammen
- Fertigkorb: Aufgabe ist beendet wenn Sortierschale leer
- Konsequenz: Lob / Verstärker

3. Imitation

Gründe:
- Wichtig beim Aufbau der kognitiven, kommunikativen und sozialen Fähigkeiten
- Beim Nachahmen von Mundbewegungen etc. werden wichtige Grundlagen für das Verständnis von Kontingenzen, Kommunikation und Sozialverhalten geschaffen
- Ohne Nachahmen wäre das Lernen sozialer Regeln, Erwerb von Spielfähigkeiten, Selbstversorgung wie Zähneputzen schwierig

Normale Entwicklung:
- 1. Jahr: ahmen Gesten wie „tschüss" nach. So tun, als ob sie aus leerer Tasse trinken
- 2. Jahr: können zweigliedrige Handlungen und zurückliegende Handlungen nachahmen

Autistische Entwicklung:
- Schwierigkeiten, Handlungen nachzuahmen

Individuelle Schlüsselfragen:
- Ahmt ihr Kind mit sensorischen Materialien besser nach? (Dreheffekt, Schalter)
- Ahmt es besser mit Musik nach? (Instrumente, Sprachlieder)
- Ahmt es besser in Tisch oder Spielsituationen nach?

Diskretes Lernformat (DLF):
Bsp.
- Klingel auf dem Tisch jeweils vor Therapeut und Kind. T drückt auf Klingel.
- fordert K auf, dasselbe zu tun
- Verstärkt, wenn innerhalb von 3 sek

- Nach Objekt-Imitation kann zu Bewegungsimitation übergegangen werden, z.B. in Hände klatschen. Oder auch mundmotorische oder lautliche Nachahmungen

Bsp.
- Ziel: Imitation von Lauten
- Anweisung: sag „aaaaa"
- Hilfestellung: Mundposition
- Konsequenz: verbale und materielle Konsequenz

Präzisionslernen:
- Ähnlich wie DLF
- Hier wird die Rate des Nachahmens in kurzen Zeiteinheiten erhöht

Bsp.
- Ziel: Imitation von Bewegungen mit einem Objekt
- Ball werfen
- Anweisung: „mach so"
- Dauer: Häufigkeit in 20 sek
- Konsequenz: Lob/ Smiley
- Hierarchie: Sieh-tue, hör-tu, hör-sag, sieh-sah

Natürliches und erfahrungsorientiertes Lernen:
- In Alltags- und Spielsituationen, die für das K von Interesse sind. Bsp. Ahmt das Kind das Ballwerfen nach?

Bsp.
- Ziel: Imitation von Bewegung mit Objekten: Knete
- T und k haben je zwei kleine Kugeln Knete und eine Knetrolle und Förmchen zwischen sich
- Nachdem K Blick-Objekt-Kontakt hergestellt hat, rollt T Knete und presst sie ins Förmchen
- K soll nachahmen, dann Lob und Funktionale Verstärker: K darf Plätzchen essen

Visuelles Lernen (wie TEACCH):
- Kinder kopieren selbstständig bestimmte Modelle wie Bausteinmuster...

Bsp.
- Ziel: Bewegungen mit einem Objekt
- Kugel im Eimer
- Anweisung verbal: „mach so, mach nach". Visuell: Bild/ Handzeichen für nachmachen
- Fertigkorb: Bild
- Konsequenz: Lob/ Verstärker

4. Sprachverständnis

Gründe:
- Befolgen von Anweisungen, Personenverständnis, Verständnis von Handlungen/Gegenständen
Voraussetzung für soziales und kommunikatives Verhalten

Normale Entwicklung:
- Erste halbe Jahr: Kopf zu Geräuschquelle drehen, Sprecher ansehen
- 1. Jahr: Blick zur genannten Person, reagieren auf nein. Können auf Anforderung eine bitte-Geste machen
- 2. Jahr: kennen 20 Wortbedeutungen und ca. 15 Bilder
- 3.-3.5 Jahre zeigen Tätigkeiten im Bild, verstehen Eigenschaften von Objekten, z.b. Farben, Formen

Autistische Entwicklung:
- Reagieren nicht auf Umgebungsgeräusche
- Hören selektiv auf Geräusche (z.b. Knistern von Schokoladenpapier)

Individuelle Schlüsselfragen:
- Reagiert K auf laute Stimmen?
- Ist es in der Lage, Anweisungen wie „Stopp" zu befolgen?
- Kann es Anweisungen wie „gib und nimm" unterscheiden?

STEP-Trainingssequenz:
- Sowohl als Tischaufgaben (Bsp. Komm her) als auch im Spiel/beim Spaziergang (Bsp. Stopp, geh rückwärts)
- Nach erfolgreicher Diskrimination von 5 Anweisungen kann zum Sprachverständnis von Personen und Objekten übergegangen werden „räum den Ball aus. Gib dies der Mama"

Diskretes Lernformat (DLF):
Bsp.
- Ziel: Befolgen von Anweisungen
- Anweisung: „komm her, setz dich"
- Hilfestellung: zeigen, körperliche Führung
- Konsequenz: Lob/ Verstärker (wenn innerhalb von 5 Sek)
- 10x wiederholen

Präzisionslernen:
Bsp.
- Ziel: Erkennen von Objekten
- Anweisung: „Zeig Telefon"
- Dauer: Anzahl richtig gezeigter Bilder in 20 Sek
- Konsequenz: Lob und Token bei Verbesserung gegenüber letztem Mal
- Aufgabenhierarchie: sieh-tu, hör-tu, hör-sag, sieh-sag

Natürliches und erfahrungsorientiertes Lernen:
Bsp.
- Ziel: Befolgen von eingliedrigen Anweisungen mit Gegenständen
- Übungsrahmen: Alltagstätigkeiten oder Selbstversorgung
- Anweisung: „Mach die Tür auf oder Iss den Keks"

Visuelles Lernen:
Bsp.
- Ziel: Befolgen mehrgliedrigen Anweisungen
- Anweisung verbal: „schmier dir ein Brot". Visuell: Handzeichen/Bildsequenz von Brotschmieren
- Konsequenz: Lob und Essen des Brotes

5. Erste Äußerungen
Gründe:
- K muss zunächst Erfahrungen mit den Dingen machen, die zu einem bestimmten Begriff gehören.
Bsp. Durch in den Mund nehmen versteht das Kind welche Dinge essbar sind. Kurz später lernt es
das Kind den Begriff „essen"
- Wichtig für Ausdruck von Forderungen, Wünschen, Ablehnung, Bejahung. Begrüßen,
Verabschieden. Beschreiben von Eigenschaften
- lernen durch 50 Einwort-, Bild-oder Handzeichen-Äußerungen Wünsche mitzuteilen

Normale Entwicklung:
- Erste Äußerungen: Fordern von Wunschgegenständen, verneinen, grüßen, benennen etc.
- Protestieren gegenüber unbeliebten Dingen/ Aktivitäten
- Informieren, kommentieren etc. selten

- 1. Jahr: teilen Wünsche durch zeigen mit
- 12-18 Monat: ca. erste Worte und Gesten
- vor 2. Jahr: zehn Worte. Benennen mindestens drei Personen. Zwei Tätigkeiten
- 4. Jahr: bildet Nebensätze. Beschreibt mindestens 2 Gegenstände. Gibt kurze Geschichten wieder

Autistische Entwicklung:
- Eingeschränktes Lautrepertoire, nicht lallen, nicht winken, zeigen oder Worte sprechen
- Teilweise hochintelligent, großes Vokabular= können aber nicht auf Fragen eingehen. Nur über
ihre Interessen monologisieren
- Schwierigkeit präzise Verbindungen zwischen Begriff/entsprechenden Gegenständen herzustellen
- kommunizieren mittels Verhaltensproblemen (Weinen, Selbstverletzung)

Individuelle Schlüsselfragen:
- Kann es Laute oder Worte oder Sätze imitieren?
- Kommuniziert ihr K durch Geben von Wunschobjekten, Führen der Hand oder Zeigen?
- Kann es Bejahen, protestieren oder verneinen?

STEP-Trainingssequenz:
- Erwerb von neuem Vokabular, bestimmten Sprachstrukturen oder grammatikalischen Formen= dafür sind Tischsituationen gut geeignet
- Einüben von Sprachfunktionen wie Verabschieden, Fragen oder soziale Skripte= Alltagssituationen gut geeignet und Rollenspiele
- Wichtige Therapiebereiche: Pragmatik, Syntax, Wortschatz, Stimmqualität…

Diskretes Lernformat (DLF):
Bsp.
- Ziel: Kommunikation von Wunsch nach Objekt
- Wunschobjekte werden dem Kind gezeigt und es wird aufgefordert, das entsprechende Wort wie ham, essen etc. nachzuahmen
- Anweisung: was möchtest Du?
- Hilfestellung: Vorgabe des Wortes, Bildes, Handzeichen
- Konsequenzen: Geben des Gewünschten
- Zunehmend schwierigere Imitationen, z.b. nachsprechen von Ball für den Erhalt eines Balles
- Nach erfolgreicher Bewältigung dieses Teilschrittes wird nur noch die Geste für Ball oder hoch gezeigt ohne dass der T das Wort spricht

Präzisionslernen:
Bsp.
- Ziel: Benennen von Objekten
- Anweisung: „Was ist das?" (Anhand mehrerer Gegenstände oder Bilder)
- Dauer: Häufigkeit in 20 Sek.
- Konsequenz: verbale Bestätigung bei richtiger Benennung, Token bei Erreichen des Kriteriums
- Aufgabenhierarchie: sieh-tu, hör-tu, hör-sag, sieh-sag

- Betonung liegt auf der automatischen Produktion von Lauten, Silben, Worten und Sätzen
- Training von Schlüsselstrategien: bekannte Worte werden in neu zu lernende eingestreut, um das Kind zu motivieren. z.B. statt Ball= Pingpongball
- Unterbrechen von Handlungsketten zum Anbahnen spontaner Kommunikation. Alltägliche Bewegungsabläufe, z.B. Nahrung zum Mund führen
- Konfrontation mit Situationen, die aktives Problemlösen fordern. Bsp. Kind erwartet in der Badewanne warmes Wasser, es kommt kaltes

Natürliches und erfahrungsorientiertes Lernen:
Bsp.
- Ziel: Kommunikation von Wunsch nach Objekt, Person etc.
- Übungsinhalt: Alltagssituation oder Spiel etc.
- Anleitung: gewohnte Handlungskette unterbrechen und fragen: was möchtest du tun?

Bsp.
- T. kommentiert Handlung des Kindes
- Lässt Kind Handlung wieder ausführen. Unterbricht es und wartet bis das Kind die Tätigkeit benennt (häufige Wiederholung)

Visuelles Lernen:
- PECS= Betonung liegt auf Entwicklung spontaner Kommunikation. Reichen dem Kommunikationspartner Abbildung des Wunschgegenstandes und erhalten das entsprechende Objekt
- Kommunikation durch Handzeichen: Training von nachgeahmten Gesten wie Geste „Ball" zum Benennen auf die Frage „was willst Du?". Später dann spontanes Fordern

Bsp.
- Ziel: Benennen von Alltagsobjekten, Personen, Handlungen etc.
- Anweisung verbal: was möchtest Du? Visuell: Vorgabe dMundposition/Bildes/ Handzeichens
- Konsequenz: Befolgen des Inhalts der Kommunikation

Bsp.
- Nussschale vor T. Er verhindert, dass k sich selbst was nimmt
- Fragt stattdessen: möchtest du mehr?
- K: Wortkarte oder Handzeichen für mehr
- Lob und bekommt Nüsse

6. Erweiterte Kommunikation
Gründe:
- Erweiterung der Satzlänge, grammatikalische Strukturen, Ausbau des Vokabulars
- Erweiterung spontaner Kommunikation
- Erweiterung des aktiven Wortschatz
- Verständnis von „rechts unten", "größter Apfel", "super"

Normale Entwicklung:
- Kindergarten: basales Wissen über sich selbst (Name, Alter, Familie, Adresse etc.)
- erste Jahre: Vokabular von 200-300 Wörter. Es lernt in diesem Alter die meisten Morpheme (Bedeutungsträger von Sprache wie Pluralendungen)
- Fähigkeit zu sequenzieren als Voraussetzung für das Verständnis von Vergangenheit und Zukunft, Wochentagen etc.
- Später: ja nein-Äußerungen für Fakten wie „ist das dein Bruder?"
- Schulanfang: passiver Wortschatz von 10000-15000 Worten und aktiven Wortschatz von 3000-5000

Autistische Entwicklung:
- Entwicklung von Kommunikation nicht regelmäßig und gestört, z.b. Überspringen das Ein- und Zweiwortstadium
- wiederholen Gehörtes papageienhaft
- Worte wie Mund, Nase werden schon mit 2 Jahren gelernt, Schulter und Hüfte dagegen mit 6

Individuelle Schlüsselfragen:
- Kommuniziert das K verbal, durch Bilder, Handzeichen etc.?
- Kommuniziert es spontan?
- Kann es über ein Thema sprechen, zu bestimmten Begriffen assoziieren?
- Kann es Erlebnisse in richtiger Sequenz wiedergeben?

STEP-Trainigssequenz:
- Als Tischaufgaben, im Spiel, in Alltagssituationen

Diskretes Lernformat (DLF):
- Ziel: Erweiterung von Wortschatz, grammatikalische Strukturen und Satzbau
- Modellvorgaben, z.B. was haben wir eingekauft? Mutter antwortet selbst: Eis und Äpfel
- Zunehmend mehr mit einer Pause zwischen Frage und Antwort, damit das Kind nicht roboterhaft antwortet sondern spontan

Bsp.
- Ziel: Sprachfunktionen- Grüßen und Verabschieden
- K geht mit T auf Spielplatz herum. Zu bekannten Personen sagt der t hallo/tschüss
- Imitiert das K die Begrüßung nicht, wird es angehalten. Zeigt dem K Wortkarte „hallo/tschüss"
- Für richtiges Grüßen Lob und Token

Bsp.
- Ziel: Bericht von Vergangenheit
- „Erzähl mal Papa, was du gerade gemacht hast" (eventuell mit Bildsequenzen)

Präzisionslernen:
Ziel: Antworten sollen schnell und automatisch erfolgen
- Soll Gelerntes dauerhaft behalten und auf den Alltag übertragen
- Im Alter zwischen 18 Monaten und 14-Jahren können 55-70 Benennungen erwarten werden in einer Min

Bsp.
- Ziel: Infinitiv und gebeugte Verben
- T legt 10 Karten mit bekannten Handlungen wie schwimmen im Kreis vor das K
K soll in 20 Sek. so viele Karten wie möglich benennen
- Abweisung: „was passiert da?"
- Anzahl der richtigen Karten wird aufgeschrieben. Für Verbesserungen 1 Token

Bsp.
- Ziel: soziale Skripte
- K soll in 1 Min. sagen was man sagt, wenn man durstig ist, müde ist, Hilfe braucht etc.

Natürliches und erfahrungsorientiertes Lernen:
- nutzen motivierte Situationen wie Essen, Spiel, Hobbies, da dann Spracherweiterung „was brauchen wir um einen Kakao zu machen"

Nutzen visuelle Fähigkeiten wie: zuerst sagt K nur „will Bleistift", dann durch Bildsequenzen/karten im PECS: „will Bleistift, Kleber, Papier" (oft überfordert, wenn sie ohne diese Hilfestellungen von Ereignissen wie Zoobesuch berichten sollen. Bilder/Flyer als Modellvorgaben, um über Erlebnisse zu berichten)

Bsp.
- Ziel: Spontanes Benennen von Objekten
- K und T räumen gemeinsam eingekaufte Sachen aus
- T gibt K Lebensmittel an und benennt sie, wiederholt dies oft „da ist noch eine Banane"
- Macht das K Anzeichen von Imitieren, Blickkontakt etc. dann Lob

Visuelles Lernen:
Bsp.
- Ziel: Soziale Skripte „ich brauche eine Pause"
- K erhält frustrierende Aufgabe, Bsp. Sortieraufgabe. 2 Ts sind anwesend
- Bei Frustrationszeichen gibt T dem K eine Pausenkarte
- 2ter T reagiert darauf und gibt K eine Pause
- Timer wird auf Pausenzeit 3 Min gestellt

7. Spiel- und Sozialverhalten
Gründe:
- Spiel und Kommunikation als Grundlage für Sozialverhalten
- Kinder lernen durch Nachahmen von Bewegungen/Spielhandlungen, sich auf andere einzustellen (K läuft zur Rutsch, andere hinterher)
- Ursache- Wirkungsbeziehungen verstehen
- Dinge erforschen. Andere wahrnehmen. Helfen und Hilfe erhalten
- Problemlösestrategien entwickeln
- Um nicht ausgeschlossen zu sein

Normale Entwicklung:
- Wissen, was man, wann, wem sagt. Manchmal Lügen besser
- Fortschritte in ersten 2 Jahren: vom isolierten Spiel mit Körper zum Rollenspiel
- Im ersten Jahr Alleinspiel, im zweiten Parallelspiel (beobachten eher das Spiel des anderen, keinen verbalen Austausch). Im dritten Jahr Rollenspiele. Im vierten Jahr kooperatives Spiel (mit Spielregeln etc.). Im fünften Jahr komplexe Rollenspiele

- Sozialverhalten ebenso mit schnellen Fortschritten:
- 3-6 Monate: zurücklächeln
- 6-12 Mon.: zeigen gemeinsame Aufmerksamkeit „joint attention", können Handlungen und Gesichtsausdruck des Interaktionspartners nachahmen
- 12-18: deutliches Interesse an Gleichaltrigen. Reagieren positiv auf Lob, können Spielzeug anbieten, teilen etc.
- 18-24: nehmen aktiv an interaktivem Spiel teil, können trösten, Stolz über Erfolge
- 3 Jahre: können Gefühle benennen, haben Freunde
- 4 Jahre: erkennen wenn jemand Hilfe braucht
- 5 Jahre: Freundeskreis

Autistische Entwicklung:
- Nehmen ihr gegenüber oft nicht wahr. Nichtmal durch Blickkontakt- wie Blick durch Röhre Folgen zunächst nur ihren eigenen Interessen
- Müssen lernen, sich abzuwechseln, damit isoliertes Spiel nachlässt
- Können sich schwer in andere hineindenken. Bsp. Sitzt bei Fernsehen anderen im Weg
- Berücsichtigen nicht Vorwissen der anderen (wie bei normalen Kindern auch. Die Ulli meinte…)
- ToM- Schwierigkeiten
- Mangel an emotionaler Kompetenz (versteht nicht warum jmd. weint)
- Schwierigkeiten Redewendungen, übertragene Bedeutungen zu verstehen, Bsp. „schieß mal los"
- Wissen, was man wann wem wie sagt als großer Lernprozess
- Angemessenes Spiel und basales Sozialverhalten entwickeln sich erst nach Anleitung

Individuelle Schlüsselfragen:
- Spielt ihr Kind selbststimulativ?
- Kann es mit Anderen Regelspiele spielen?
- Redewendungen und abstrakte Sprache verstehen?
- Gefühle ausdrücken und nachempfinden?
- Hobbies? Welches sind seine Spielkameraden?

Übergreifende Trainingsstrategien und Anregungen
Entwicklung hat verschiedene Stufen
    1. isoliertes Spiel
    2. Paralleles Spiel
    3. Kooperatives Spiel
    4. Regelspiel
    5. Rollenspiel

Ziel bei ASS:
Aufbau von funktionalem und kreativem Spiel
- zur Ersetzung von selbststimulativem Spiel (Bsp. Wedeln mit Fäden)
- Rausfinden welcher Wahrnehmungskanals für das Kind wichtig ist und anderes Spielzeug „aufzwingen"

Dann: sollen *parallel* zu anderen spielen
- Normale Altersgenossen werden in ihre Nähe gesetzt, auf Spielteppich etc.
- Eventuell gemeinsame Bezugspunkte durch Schwungtuch etc., gemeinsam trommeln und klatschen
Kooperatives Spiel:
- Nimmt abwechselnd und gemeinsam am Spiel teil
z.b. Ball zurollen, im Wechsel Bausteine auf Turm, Puzzle

Regelspiele:
- Bsp. Abwechselnd von rotierender Scheibe Fische angeln (kommt Interesse der Autisten durch Wahrnehmungsstimulation nahe)

Rollenspiele:
- Nachahmungsfähigkeit, Fantasie
- Spielecken zu Themenbereichen einrichten wie Mal,- Bau- Puppenecke. Spielmaterialien zu Zoo, Küche, Schule etc.

- Abfolgen täglich verändern, um starre Spielschemataentwicklung zu vermeiden

Integrierte Spielgruppen (mit Geschwistern, Freunden): Gleichaltrige sind erfolgreiche Modelle für Spielverhalten. Ahmen Turmbauen etc. nach

Sonstiges
- Verdeckte Hochbegabung? Nein!
- Autismus als früh beginnende Form der Schizophrenie. „kindliche Schizophrenie". Bis in 70er Jahre angeblich Störung gleichen Ursprungs
- Autismus als normale Eigenschaft und dimensionales Persönlichkeitsmerkmal (Trait)
- Autismus als Wahrnehmungs- oder Empathiestörung= sind nur Teilaspekte des Syndroms
- Autistische Züge= nur einige autistische Symptome
- Phänotyp des Autismus: Fälle subklinischer milder Ausprägungen autistischen Verhaltens (soziale kommunikative Fähigkeiten)

Literatur

Deutsche Gesellschaft für Kinder- und Jugendpsychiatrie, Psychosomatik und Psychotherapie: *Leitlinien zu psychischen Störungen im Säuglings-, Kleinkind- und Vorschulalter (S2k)*. http://www.awmf.org/uploads/tx_szleitlinien/028-041l_S2k_Psychische_Stoerungen_Saeugling_Kleinkind_Vorschulalter_2013-10.pdf